RÉSOLUTIONS

adoptées par la

Conférence Nationale

du

Parti Communiste Français

9-10-11-12
mars 1930

Edité par le Comité Central
du Parti Communiste Français
120, rue Lafayette, Paris (10e)

Conférence Nationale

Imp. Ouvrière du Centre

BOURGES

RESOLUTIONS

adoptées par la

Conférence Nationale

du

Parti Communiste Français

9-10-11-12
mars 1930

Edité par le Comité Central

du Parti Communiste Français

120, rue Lafayette, Paris (10e)

INTRODUCTION

La Direction du Parti publie, avec un gros retard, les résolutions de la Conférence du Parti tenue en mars à Paris.

Les causes de ce retard ne sont nullement techniques, mais bien politiques. Elles résident dans le fait que les problèmes posés devant la Conférence et les résolutions qui y ont été adoptées ont provoqué, dans la Direction du Parti, une discussion très sérieuse où sont apparues des divergences politiques importantes entre la majorité du Bureau Politique et le camarade Vussart, coopté au B. P.

Le Bureau politique a voulu — avant de publier les résolutions de la Conférence — éclaircir la situation dans son sein. C'est ce qu'il a fait ces temps derniers. Le résultat en est que, maintenant, la Direction du Parti peut préciser grandement les problèmes politiques et tactiques qui sont posés devant notre mouvement. Cette discussion sur les résultats de la Conférence du Parti doit profiter à tout le Parti, car elle est d'une importance capitale pour son développement.

C'est pourquoi, en conclusion de cette discussion, le B. P. au nom du Comité Central, a décidé de s'adresser à tout le Parti. Tel est le but de la publication de la lettre politique à tous les membres du Parti qui paraît en même temps que cette brochure. Cette lettre, qui doit être lue et discutée par tous les communistes, explique les divergences survenues dans le Bureau Politique et précise nettement, à la fois, les bases de la politique de notre Parti, les objectifs de son travail et la lutte contre les déviations opportunistes et pseudo-gauchistes qui constituent les obstacles à éliminer pour assurer au Parti son développement normal.

Pour mieux comprendre et s'assimiler les résolutions de notre Conférence, il faut que tous les communistes lisent avec attention la lettre de la Direction du Parti. C'est là un document capital pour quiconque veut réaliser au maximum le travail du Parti.

LE SECRÉTARIAT DU PARTI.

Résolution sur le rapport politique du Comité Central du Parti

La Conférence Nationale se déclare d'accord avec le rapport du Comité Central du Parti. Elle constate que sur la base des appréciations, des perspectives et des directives du Congrès de Saint-Denis et du Xe Plénum de l'I. C., qui se sont vérifiées comme justes dans les faits, le Comité Central a suivi, en général, une ligne politique juste.

La Conférence tient à préciser les points essentiels qui doivent orienter le travail ultérieur du Comité Central et de l'ensemble du Parti.

LA CRISE MONDIALE DU CAPITALISME

1° La stabilisation partielle du capitalisme chancelle dans le monde entier. Tous les efforts en vue de la consolider sur la base de la rationalisation ont accumulé les contradictions fondamentales entre l'accroissement de la capacité de production et la réduction des débouchés.

Aujourd'hui, nous sommes entrés dans la phase d'explosion brutale de ces contradictions.

Le krack boursier de New-York, produit lui-même de la maturation des éléments de déséquilibre du marché mondial des marchandises, a accéléré à son tour l'éclatement d'une crise économique aiguë.

Celle-ci se manifeste dans tous les pays capitalistes à des degrés divers, avec un développement inégal, qui accroît encore la désorganisation et l'anarchie du monde bourgeois. Son aspect le plus frappant est l'existence d'une armée de près de 20 millions de sans travail, dont le nombre augmente chaque jour. La crise internationale de dépression considérable et violente de la production et de la dislocation du marché des capitaux se développe sur le fond de la crise générale, finale de tous les systèmes capitalistes et précipite cette dernière.

Elle démontre clairement — et d'une façon concrète — aux masses travailleuses que *l'enveloppe des relations écono-*

miques privées tombe en pourriture et doit être supprimée.
(LÉNINE).

Le capitalisme tente de reculer l'échéance suprême de sa décomposition et de son écroulement par un renforcement inouï de la pression qu'il exerce sur les masses ouvrières et qui se traduit par un abaissement continuel de leur niveau d'existence. Le développement de la crise engendre une exacerbation féroce de la lutte pour les débouchés, pour l'exportation des capitaux, pour un nouveau partage des colonies. Il provoque des tentatives de *dumping* effréné, l'accentuation du protectionnisme douanier et l'aggravation des antagonismes entre impérialismes, rendant plus imminent le péril de guerre.

Avec chaque nouveau craquement de la crise universelle, se multiplient les menaces d'agressions impérialistes contre l'U. R. S. S. Le monde capitaliste a un besoin impérieux de reconquérir le marché russe et il tremble devant la rapidité de la construction du socialisme en U. R. S. S. et de la liquidation des derniers restes du capitalisme par la dictature du prolétariat Les conférences internationales révèlent l'accuité des concurrences économiques et politiques et l'impossibilité absolue de la moindre ébauche sérieuse « d'organisation » du capitalisme monopoliste. Les moindres incidents servent au resserrement du bloc contre-révolutionnaire en vue de briser le plan quinquennal par l'intervention armée. (Front unique militaire de la Petite-Entente sous l'égide de l'Etat-Major français, traité germano-polonais, nouvelle croisade contre les prétendues persécutions religieuses et le soi-disant enlèvement de gardes-blancs).

Les perspectives immédiates sont donc celles d'une augmentation continue du chômage, de la surexploitation et de la misère ouvrière, d'un appauvrissement généralisé des paysans travailleurs atteints par la crise agraire mondiale, de la violence fasciste systématisée de la part de la bourgeoisie, d'une nouvelle guerre impérialiste pour la répartition des marchés et, surtout, de l'attaque générale contre l'Union Soviétique.

Les masses laborieuses sont obligées de chercher une issue à cette situation terrible de famine, de ruines, d'oppression, d'extermination physique dans laquelle les plongnt les contradictions capitalistes. Dans ce sens, la crise mondiale du capitalisme accélère l'essor révolutionnaire du mouvement ouvrier et la radicalisation des masses opprimées par l'impérialisme dans les pays coloniaux et semi-coloniaux.

LA IIe INTERNATIONALE ET LA CRISE CAPITALISTE

2° Dans cette crise insurmontable du capitalisme, la IIe Internationale multiplie ses efforts pour sauver le capitalisme. Là où ses partis sont au pouvoir, comme en Allemagne et en Angleterre, elle se fait l'agent exécuteur des plans d'esclavage et de guerre anti-soviétique (plan Young); elle applique et exécute implacablement les « solutions » capitalistes-fascistes de la crise en aggravant l'exploitation des ouvriers et en mitraillant les chômeurs affamés et les opprimés en révolte contre l'impérialisme. Dans les pays où elle n'est pas directement au pouvoir, la social-démocratie collabore dans tous les domaines avec la bourgeoisie, elle brise les grèves, fait le front unique avec la police contre les ouvriers et fournit à la bourgeoisie toutes les armes les plus perfides contre l'U.R.S.S. et les partis communistes.

Dans toute la période écoulée la social-démocratie a justifié pleinement l'appellation de « parti social-fasciste ». Le développement de la crise marquera encore plus ce caractère fasciste des partis de la IIe Internationale.

L'IMPÉRIALISME FRANÇAIS ET LA CRISE ÉCONOMIQUE

3° Les répercussions de la crise en France sont déjà visibles. A ce sujet, on doit éliminer et combattre résolument toute opinion qui tendrait à représenter l'économie capitaliste française dans une situation « privilégiée » lui permettant d'échapper à la crise. La France capitaliste et son économie sont étroitement dépendantes de l'économie capitaliste mondiale. Le capitalisme français est, d'ores et déjà, atteint par la crise économique. Dans une série de branches industrielles on assiste à un ralentissement considérable de la production (automobiles, textile, cuirs et peaux, industrie de luxe) qui se traduit, dès maintenant, par des renvois d'ouvriers, une diminution du temps de travail, un certain chômage partiel, une augmentation sans cesse en progression de demandes d'emplois, par rapport aux offres faites. D'autres faits caractéristiques sont visibles sur le marché financier, en particulier dans la chute des actions.

Les répercussions de la crise, en France, sont également démontrées par les cris d'alarme et les plans des industriels et des politiciens de la bourgeoisie. La politique de guerre douanière (déclaration de Serruys à Genève), celle des dégrèvements financiers pour les industriels, jointes à l'intensification générale de la rationalisation dans les usines, au renforcement inouï de la discipline du travail et du surmenage, sont autant de signes probants de l'entrée de l'impérialisme français dans la crise.

PERSPECTIVES

4° Le développement de la crise mondiale, la concurrence acharnée entre les impérialismes, la crise agraire chronique, particulièrement aiguisée dans cette période, jointes à l'essor révolutionnaire des masses ouvrières françaises, au mécontentement grandissant de la paysannerie pauvre, à la lutte accentuée des peuples coloniaux allant jusqu'à l'insurrection (Indochine), soulignent, comme les perspectives immédiates les plus certaines, l'aggravation, sur des bases élargies, de la crise économique et générale du capitalisme français.

Sur la base des appréciations et des perspectives tracées par le Comité Central, sur la base de la connaissance exacte des répercussions de la crise mondiale en France et la perspective certaine d'aggravation de la crise du capitalisme français, la Conférence tient à préciser qu'on ne peut absolument, sous quelque forme que ce soit, prévoir un affaiblissement de la politique fasciste de tous les gouvernements de la bourgeoisie française ; il faut rejeter les opinions concernant la réalisation d'une politique de « gauche » de la bourgeoisie.

Nous sommes et serons, de plus en plus, au contraire, dans la période de combinaison de la politique fasciste et social-fasciste, suivant le degré d'évolution de la crise.

ENSEIGNEMENTS DES CRISES MINISTÉRIELLES

5° Les enseignements des récentes crises ministérielles sont précieux à cet égard et méritent d'attirer l'attention du Parti. Les crises ministérielles — et particulièrement la dernière — sont des reflets de la crise capitaliste. Deux aspects principaux s'en dégagent : d'une part, elles traduisent l'inquiétude, les difficultés et un certain désarroi de la bourgeoisie ; d'autre part, elles constituent des tentatives de regroupement de forces tentées justement par la bourgeoisie pour faire face à la crise et au mouvement de masse du prolétariat dans les meilleures conditions politiques et avec le maximum de moyens.

C'est ainsi que, utilisant la nécessité imposée par le développement de la crise de modifier sa politique financière, consciemment, la bourgeoisie a fait tomber le premier ministère

Tardieu. La concentration qu'elle veut réaliser ayant échoué, la bourgeoisie a constitué un gouvernement de dictature à méthodes fascistes renforcées, où s'affirme plus nettement l'hégémonie du capital financier, et a procédé, en même temps, à une grande manœuvre destinée à redonner au Parti radical et au Parti socialiste une allure oppositionnelle et une nouvelle virginité « gauche » (constitution du Cabinet Chautemps, chute de ce Cabinet et passage à l'opposition des radicaux et des socialistes). Tenant compte de l'identité absolue des principes et des programmes de Tardieu, de Chautemps et des socialistes, comment expliquer la soi-disant « lutte passionnée » *Rouges contre Blancs* autrement que par une comédie d'une hypocrisie sans égale, destinée à tromper une fois de plus les travailleurs en leur faisant croire à la bonne volonté des soi-disant anti-réactionnaires, des radicaux et des socialistes.

La chute de Tardieu, voulue et organisée par la bourgeoisie, avait ce premier but : redonner du crédit dans les masses exploitées aux radicaux et aux socialistes pour détourner les travailleurs du communisme et constituer, avec les partis radical et socialiste, une formation gouvernementale de réserve pour le dévelopement de la crise.

Le deuxième but, c'était d'élargir le ministère Tardieu dans le sens d'une hégémonie plus assise du grand capital financier et de la réalisation, non pas d'une politique de « prospérité », mais du plan de lutte contre la crise (Raynaud aux Finances, Poncet, du Comité des Forges, à l'Economie Nationale). Cette entrée dans le ministère des requins de la finance et de l'industrie et les postes qui leur sont confiés sont autant de symboles de l'orientation férocement anti-prolétarienne de la politique de la bourgeoisie.

Dans ces crises, les radicaux et les socialistes, talonnés par les mouvements de masse, ont besoin, pour jouer leur rôle de sauveteurs du capitalisme, de masquer le plus possible leur politique réelle. Pour cela ils doivent absolument combiner leur évolution fasciste et l'identité de leurs programmes avec celui de la bourgeoisie à toute une démagogie soi-disant anti-réactionnaire et démocratique. Ce verbalisme et ce semblant d'opposition parlementaire servent à détourner les masses de la lutte directe contre le capitalisme sous la direction du P. C. Ils favorisent ainsi la politique fasciste de la bourgeoisie. Les socialistes collaborent d'ailleurs, dans la pratique, activement, à la réalisation d'une telle politique du sommet à la base de l'appareil de leur parti, depuis le C. N. E., les commissions parlementaires et les rapports des budgets au sabotage des grèves, au mouchardage des militants, à l'assommade des ouvriers avec le concours de la police.

C'est au nom de la démocratie que les socialistes réaliseront l' dictature fasciste de la bourgeoisie; c'est au nom de la défense des intérêts ouvriers qu'ils briseront la lutte des ouvriers; c'est au nom de la Paix qu'ils réaliseront la guerre et l'agression anti-soviétique.

C'est en cela que consiste la différence entre la grande bourgeoisie et les social-démocrates. C'est la différence entre le fascisme et le social-fascisme. Mais justement, par le fait de l'effort inouï fait par la bourgeoisie et les socialistes pour montrer ces derniers comme le rempart de la démocratie et par les illusions énormes qui peuvent se développer dans les masses travailleuses, l'ennemi le plus dangereux dans la période présente, c'est le social-fascisme, réserve camouflée de la bourgeoisie fasciste.

D'autre part, la social-démocratie se divise admirablement le travail dans les masses: assurant les liaisons étroites avec la bourgeoisie par sa droite elle s'acharne à tromper et à illusionner les travailleurs par la phrase « révolutionnaire » de sa gauche. C'est pourquoi, en général, la social-démocratie est l'ennemi le plus dangereux de la classe ouvrière et, en particulier, sa « gauche » qui dissimule le pavillon social-fasciste derrière le manteau de la phrase « révolutionnaire ».

LA LUTTE POUR L'ISSUE PROLÉTARIENNE A LA CRISE

6° Tenant compte de ces appréciations, ce qui doit guider la réalisation de tous ces objectifs de lutte du Parti et de la classe ouvrière, c'est l'opposition résolue et sans défaillance de l'unique issue prolétarienne qui commence, à toutes les « solutions » bourgoises fascistes et social-fascistes. La seule issue pour laquelle les ouvriers doivent se mobiliser, se préparer et lutter en rassemblant autour de leur mouvement les masses laborieuses de la paysannerie pauvre, c'est la révolution prolétarienne, c'est la dictature du prolétariat, c'est le gouvernement des soviets d'ouvriers, de paysans et de soldats.

C'est en propageant sans relâche et sans atténuation notre solution prolétarienne révolutionnaire que nous devons développer le programme d'action du Parti dont le contenu a été donné pour le 6 mars.

C'est comme un premier jalon révolutionnaire vers ce but

que doit être préparée la grève revendicative et politique de masse du 1ᵉʳ Mai sur la base des directives déjà formulées dans le rapport politique du C. C. Le caractère du 1ᵉʳ Mai doit être envisagé sous la forme d'une grande mobilisation révolutionnaire, d'une grève, manifestation générale des ouvriers et des masses laborieuses sur les mots d'ordre et d'action du Parti communiste et de la C.G.T.U. Le 1ᵉʳ Mai doit être une première grande étape de lutte politique révolutionnaire des ouvriers se dirigeant et se préparant par leur propre expérience, sous notre direction, vers des luttes plus décisives, vers l'insurrection prolétarienne pour la crise du pouvoir.

OBJECTIFS ET MOYENS DE LES RÉALISER

7° Les moyens de réaliser au maximum nos objectifs exigent de tout le Parti la plus grande volonté de fer, la discipline la plus sévère et l'ardeur enthousiaste pour le travail. En dehors des directives plus concrètes données dans les résolutions syndicales et d'organisation et dans les matériaux des sections de travail du C. C. on doit voir clair dans les principes et les tâches essentielles.

La réalisation de nos objectifs et, en particulier, le 1ᵉʳ Mai, exigent de tout le Parti une meilleure préparation de toutes les luttes partielles de la classe ouvrière, une direction ferme de ces luttes et une *orientation politique* de tous ces mouvements. Elle pose aussi, devant nous, la question de la réalisation et de l'unification politique et organique de tous les mouvements. Cette unification des grèves suppose une préparation plus méthodique des mouvements et surtout *une unité du contenu revendicatif et politique.*

Dans ce sens, le programme d'action du Parti et la plate-forme revendicative de la C.G.T.U. constituent les meilleurs moyens de réaliser cette *unité de contenu,* cela dans la mesure où nous les diffuserons dans les masses et dans la mesure où nous organiserons les ouvriers sur ces bases dans de larges organisations de front unique de lutte (*Comités de lutte*).

L'unification des luttes n'est pas seulement une question d'ordre régional, ni même national, elle est aussi une question internationale.

En particulier, la Conférence souligne la nécessité d'une lutte fraternelle commune du Parti avec celui d'Allemagne contre le plan Young d'esclavage des ouvriers allemands, d'exploitation intense des ouvriers français et d'agression contre l'U.R.S.S. Le C.C. et le B.P. devront prendre toutes mesures pour réa'iser cette lutte.

RENFORCEMENT DU TRAVAIL D'ORGANISATION DU PARTI

L'unification des mouvements et leur direction par le **Parti** suppose aussi un travail d'organisation intense dans tous les doma'nes, renforcement de la direction des mouvements (le Parti) par un recrutement de masse dans les cellules d'entreprises, par la création de nouvelles cellules, en donnant comme objectif précis de recrutement une amélioration de la composition sociale du Parti (vers les ouvriers, vers les manœuvres, vers les ouvriers étrangers, vers les jeunes, etc...)

La revision du Part: doit se poursuivre pour améliorer cette composition du Parti, vérifier soigneusement la réalisation des directives, briser les barrières bureaucratiques au recrutement et faire de chaque membre un véritable communiste qui dirige la lutte des ouvriers, là où il est. *Chaque membre du Parti est un morceau du « rôle dirigeant du Parti ».*

Il faut souligner particulièrement pour certaines régions (Méditerranéenne) la nécessité de continuer et de développer le trava'l de révision des effectifs paysans en orientant ce travail vers une normalisation de la composition sociale, c'est-à-dire pour l'élimination des paysans riches résistant à l'application de la politique du Part' et par le recrutement de masse parmi les ouvriers agricoles et les paysans pauvres.

Un autre aspect décisif de notre travail de recrutement, c'est l'effort des communistes pour élargir les syndicats unitaires, organiser le travail d'adhésion collect've des ouvriers dans la préparation des mouvements des ouvriers dans les grèves et après les grèves.

Enfin, la condition absolument nécessaire à la réa'isation de nos buts réside dans l'organisation de la lutte de masse contre la répression fasciste et policière, dans l'organisation de la défense prolétarienne contre la police, dans la création de groupes de défense d'usines et locaux pour la lutte dans la rue. Tout le Parti doit, s'il veut réellement organiser la lutte des ouvriers dans les grèves, les manifestations et surtout le 1ᵉʳ Mai, réaliser rap'dement et pratiquement l'organisation de l'auto-défense de masse du prolétariat. La question de la résistance à la répression pose aussi devant tout le Parti la réalisation urgente des mesures indiquées pour tenir malgré l'illégalité menaçante.

LA LUTTE CONTRE L'OPPORTUNISME
ET CONTRE TOUTES LES DÉVIATIONS

8° Le Parti a devant lui d'énormes tâches à réaliser. C'est pourquoi il ne doit tolérer aucun obstacle dans ses rangs à la réalisation de son travail et de sa mission révolutionnaire. Le principal obstacle qui se dresse, avec plus ou moins de franchise et de netteté, dans nos rangs, c'est l'opportunisme, qui reste le principal danger pour le Parti.

Dans la dernière période — et conformément aux décisions du Congrès de Saint-Denis — le C. C., le B. P. et les organisations de base du Parti ont mené une lutte impitoyable contre l'opportunisme saboteur et liquidateur.

La Conférence approuve sans réserve cette lutte et, en particulier, les mesures d'organisation et d'exclusion prises contre certains élus conseillers municipaux de Paris et de Banlieu, réformistes syndicaux, le secrétaire de la fraction parlementaire, etc... Tous ces saboteurs de l'action révolutionnaire du Parti se sont d'ailleurs transformés avec une rapidité inouïe en renégats contre-révolutionnaires et ont formé un nouveau parti anti-communiste avec une sous-section de désagrégation et de scission du mouvement syndical révolutionnaire) qui n'est pas autre chose qu'une succursale du Parti socialiste destinée à tromper les ouvriers en utilisant le drapeau et la phrase communistes. Le but unique de cette agence électorale de renégats, c'est la lutte contre le Parti et l'I. C., c'est la lutte contre l'Union Soviétique.

La Conférence du Parti souligne que ce nouveau parti contre-révolutionnaire ne peut avoir des bases de développement que dans la mesure où nous ne démasquerons pas les renégats devant les ouvriers et où nous n'intensifierons pas la lutte de tous les travailleurs pour la liquidation du soi-disant Parti Ouvrier et Paysan.

Mais la lutte contre l'opportunisme ne s'arrête pas aux renégats. Elle doit se prolonger, dans le Parti, contre les tendances sympathisantes aux renégats. Il est clair que les courants, les opinions, les manifestations opportunistes subsistent dans nos rangs. Ce sont là les principaux obstacles à la réalisation de notre travail; *c'est là le principal danger qu'il faut combattre.*

Au fur et à mesure du développement des événements, les courants opportunistes se manifestent sur ces bases plus ou moins nouvelles et en liaison avec les événements.

Ainsi, présentement, voyons-nous se répandre à nouveau des illusions démocratiques dans certaines couches du Parti. Les manifestations en sont variées et plus ou moins affirmatives. Elles vont des tentatives de revision à notre tactique de classe jusqu'à l'insouciance criminelle dans la préparation des organisations du Parti à l'illégalité, en passant par l'inactivité systématique devant les campagnes des socialistes et aussi dans l'illusion que la répression, le complot, ne dureront pas, qu'ils n'ont pas de « bases juridiques » solides, que « tout s'écroulera ».

Les manifestations nouvelles et dangereuses de l'opportunisme se rencontrent aussi dans l'appréciation sur la crise économique et ses conséquences (pas de crise en France, pas de danger de chômage en France avec la M. O. E., ou encore, si le chômage vient, les grèves diminueront car les ouvriers ne lutteront pas quand il y aura chômage, etc...).

Il faut aussi souligner, comme un des principaux dangers d'opportunisme, la négation du rôle dirigeant du Parti dans tout le mouvement et particulièrement dans les grèves; les tendances économistes qui mettent le Parti à la remorque du mouvement de lutte des ouvriers et qui se refusent à poser les questions de la lutte politique dans les grèves; la résistance à l'auto-critique publique, dans les masses, des fautes et des erreurs commises.

L'opportunisme se manifeste aussi dans la passivité et la résistance sourde opposée par certaines organisations à la réalisation des tâches du Parti et en particulier de la lutte antimilitariste. Il est aussi une manifestation dangereuse de conciliation avec l'opportunisme qui prend la forme de la confusion et de l'interprétation fausse de la ligne du Parti et s'acharne particulièrement à orienter la lutte contre les déviations gauchistes sans voir que le principal danger pour notre Parti reste l'opportunisme de droite. Il est certain que des dangers de sectarisme, de phraséologie stérile, de mécanisation existent dans notre Parti. Il est parfaitement exact que les déviations de « gauche » telles que la négation des revendications partielles, la sous-estimation de l'importance des luttes économiques de la classe ouvrière et la politisation mécanique, sans travail de masse réel, ainsi que certaines opinions sectaires sur la qualité des membres du Parti remplaçant la quantité sont des opinions fausses que tout le Parti doit éliminer.

La Direction du Parti a commencé cette lutte et la Conférence approuve comme particulièrement juste la lettre du B. P.

à la Conférence de la Région Parisienne, lettre qui pose justemen la question de la lutte contre l'opportunisme et les déviations sectaires et mécaniques.

Mais la Conférence souligne énergiquement que pas un Communiste n'a le droit de nier ou de sous-estimer, derrière la lutte contre ces déviations, l'importance primordiale de la continuation du redressement du Parti contre l'opportunisme ouvert ou masqué.

BRISER LES RÉSISTANCES A L'AUTO-CRITIQUE

9° La meilleure arme dont la Conférence souligne à nouveau toute l'importance pour réaliser notre travail, corriger nos fautes, resserrer notre liaison avec les masses, vaincre l'opportunisme et éliminer toutes les déviations, c'est l'auto-critique saine, responsable et publique du haut en bas du Parti.

Il faut absolument briser toutes les résistances à l'auto-critique, de la Cellule au B. P., en passant par les Rayons, les Régions. On doit s'acharner à vérifier, sous le feu de l'auto-critique sévère, la réalisation des directives fixées.

Dans ce sens, la Direction du Parti tient à reconnaitre — et la Conférence le souligne comme une indication pour le travail ultérieur — qu'elle n'a pas assez extériorisé les critiques faites par elles des insuffisances, des faiblesses, des fautes commises dans notre travail.

De même, les Régions, les organisations de base n'ont pas développé l'auto-critique pour renforcer la réalisation de leurs tâches.

L'auto-critique ne sert à rien si elle se limite aux cadres dirigeants. Elle doit se répandre dans tout le Parti et aussi parmi les sans-parti. Elle est une des meilleures formes du contrôle et de l'initiative des masses; elle forme des cadres; elle renforce la confiance des ouvriers en leur Parti et, par cela, augmente sa capacité de lutte révolutionnaire. Dans la période écoulée depuis le Congrès de Saint-Denis, on doit souligner les faiblesses importantes dans le travail de la Direction et de l'ensemble du Parti.

a) Un certain affaiblissement de la lutte contre l'opportunisme et, en particulier, une insuffisance coupable de la lutte pour démasquer les renégats dans tout le Parti;

b) Une grande faiblesse d'une série d'organisations dans la lutte plus que jamais nécessaire contre le Parti Socialiste et la C. G. T. jaune;

c) Un manque de travail systématique pour utiliser toutes les possibilités énormes de recrutement des masses pour le Parti et un manque d'efforts sérieux pour assurer le développement désirable de l'émulation révolutionnaire;

d) Les grosses insuffisances persistantes de *l'Humanité* qui amènent des erreurs politiques sérieuses dans la traduction journalière de la politique du Parti (fausse appréciation du rôle des socialistes et campagnes non cohérentes lors de la crise ministérielle Briand-Tardieu, mauvaise orientation au début de la campagne sur Koutiépoff et aussi une certaine lourdeur du journal qui arrive à fatiguer les ouvriers).

Toutes ces faiblesses et fautes, auxquelles on pourrait en ajouter d'autres non moins importantes comme l'insuffisance de la campagne contre la répression et le complot, doivent être rapidement corrigées par le C. C. et le B. P. En particulier, pour *l'Huma*, la Conférence indique que tout en approuvant les décisions prises sur l'amélioration du contrôle de la direction (création d'un collège de direction), il faut absolument réaliser les mesures de renforcement politique du journal en tenant rapidement l'école de rédacteurs et en organisant la correspondance ouvrière et paysanne.

POUR L'UNITÉ FERME DE LA DIRECTION DU PARTI

10° La Conférence indique, comme une des conditions indispensables de la juste direction du travail du Parti, la nécessité d'assurer la centralisation et l'unité ferme de la Direction (B. P. et C. C.). Cette unité ne doit pas se réaliser sur la base de compromis et de conciliation réciproques, mais dans la discussion approfondie et la clarté la plus complète sur tous les problèmes. L'homogénéité de la Direction doit se baser entre autres choses sur la lutte franche et nette contre l'opportunisme, les défaillances conciliatrices et surtout sur la base de la réalisation des tâches fixées et par l'auto-critique publique.

C'est sur ces bases que la Conférence appelle tout le Parti au travail. Il nous faut, dès maintenant, nous préparer à la lutte du 1ᵉʳ Mai et cela à travers toutes les batailles prolétariennes partielles.

Tout le Parti doit se mobiliser et commencer au lendemain de la Conférence à préparer une grande campagne de masse pour populariser les décisions de cette Conférence et préparer pratiquement la grève revendicative et politique des plus larges masses ouvrières.

Sous la direction du Comité Central et du Bureau Politique, en avant pour la bataille révolutionnaire.

Sous le drapeau de l'I. C., par la grève politique de masse, préparons-nous à la révolution prolétarienne qui balaiera les fascistes, les social-fascistes et tous les renégats et traîtres à la classe ouvrière !

ANNEXE A LA RÉSOLUTION POLITIQUE

1° La Conférence Nationale, tout en approuvant les mesures pratiques prises par la Direction du Parti pour certaines régions pour intensifier le travail révolutionnaire du Parti à la campagne (Congrès d'ouvriers agricoles et de paysans pauvres) demande au C. C. et au B. P. d'examiner rapidement la question agraire et de donner à l'ensemble du Parti une appréciation juste, claire et collective de la Direction du Parti sur cette question, ainsi que sur la politique les mots d'ordre et la tactique des communistes dans cette question ;

2° La Conférence décide de reporter au C. C. la discussion définitive sur la question du travail de la fraction parlementaire, du programme et du rôle des municipalités en indiquant que les bases de cette discussion et des résolutions du C. C. sur cette question devront être trouvées dans le projet de résolution publié par le B. P. et dans la résolution adoptée par le Presidium de l'I. C. sur le travail municipal ;

3° La Conférence demande au C. C. et au B. P. de réunir tous les renseignements et informations concernant la journée du 6 Mars pour en tirer le maximum d'enseignements pour les manifestations ultérieures et le 1er Mai.

Résolution sur l'organisation

La Conférence Nationale pense que la partie de la résolution de Saint-Denis concernant les tâches d'organisation fut juste. Mais elle constate que les objectifs qui étaient alors fixés n'ont été réalisés que dans une très faible mesure.

Aussi, elle n'entend pas reprendre l'analyse de nos faiblesses, mais elle propose que le C. C. veille, dans la période qui vient, à l'exécution des tâches concrètes qui suivent :

I. — EFFECTIFS ET RECRUTEMENT

1° Les campagnes de recrutement de la « Promotion du 1ᵉʳ Août » et de la « Semaine de recrutement de Lenine » n'ont pas donné de résultats désirables. En tenant compte de ces expériences, le Parti doit se fixer comme tâche d'atteindre, pour le Xᵉ Anniversaire du Parti, les effectifs de 1925 (55.000 membres) ;

2° Chaque Région devra se fixer la tâche d'atteindre les objectifs de 1927, surtout les régions industrielles qui ont perdu le plus d'effectifs (R. P., Nord, Est, Lyon, Marseille).

Ces objectifs concrets dans les Régions devront porter plus particulièrement dans le recrutement des ouvrières, des ouvriers étrangers et en particulier dans les mines, le textile, la métallurgie, et les produits chimiques. De même, des tâches concrètes et des objectifs précis seront fixés à chaque Rayon et Cellule. Et cela plus particulièrement dans les centres industriels ;

3° Au cours des grèves, le recrutement pour le Parti doit être intensifié. Les grévistes les plus actifs, les entraîneurs des *Comités de grève* devront être amenés dans le Parti par des réunions de sympathisants. La Conférence condamne vigoureusement l'opinion erronée qui consiste à dire qu'il faut d'abord recruter pour le syndicat et ensuite pour le Parti, ou qu'il faut attendre la fin de la grève pour recruter.

De même, le recrutement doit être fait dans les *Congrès ouvriers*, dans les *Comités de lutte* et, en particulier, dans les syndicats. On ne doit pas négliger non plus, au cours des manifestations de rues, de rechercher les ouvriers les plus actifs pour les entraîner dans le Parti. Enfin, le recrutement en masses des femmes et des ouvriers immigrés pour le Parti, des jeunes ouvriers pour la Jeunesse Communiste doit être poursuivi systématiquement, à la fois en faveur d'une meilleure composition sociale de nos effectifs et de la réalisation de nos tâches parmi les meilleures fractions combattantes du prolétariat ;

4° Le système du bulletin d'adhésion est un système qui, en raison de la répression, est de plus en plus inutilisable, surtout dans la presse centrale. Les ouvriers hésiteront à faire leur adhésion par cette voie. Il faut inviter les ouvriers à venir personnellement donner leur adhésion à des adresses déterminées.

5° La bureaucratie dans les affectations doit être combattue énergiquement ; les négligences constatées dans ce domaine devront être l'objet de blâmes pour les fonctionnaires responsables.

La Région Parisienne est particulièrement invitée à prendre des sanctions sévères contre les retards constatés dans ce domaine au cours de ces derniers temps. Les mesures de sécurité intérieures devront être prises pour l'enregistrement et l'affectation des membres.

L'élimination du Parti des éléments qui, après avoir épuisé tous les moyens de persuasion restent incorrigibles, doit se faire de telle sorte que ces camarades restent de bons sympathisants ;

6° Les Cellules devront faire connaître le plus rapidement au Comité supérieur les adhésions qui sont faites, de façon que l'émulation soit alimentée par des résultats concrets. La presse devra, plus qu'elle ne l'a fait jusqu'à présent, exploiter les nouvelles adhésions, en particulier celles d'ouvriers combatifs et ayant de l'influence parmi les ouvriers ;

7° Afin de déterminer, d'une façon complète et précise, les effectifs du Parti, il sera organisé chaque année au mois de novembre *un mois de recensement* pendant lequel sera fait le bilan de l'état d'organisation à chaque échelon (effectifs, cellules, journaux, état général, etc...).

II. — LES CELLULES D'USINES

1° Au Xe Anniversaire du Parti, les 250 cellules d'usines que nous avons perdues devront non seulement être reconstituées, mais encore dépassées.

2° Les camarades responsables des comités qui opposeront

une résistance passive ou saboteront ce travail, devront être l'objet de sanctions sévères pouvant aller jusqu'à l'exclusion.

La Conférence approuve, en particulier, le retrait du camarade GRENIER du Bureau Régional du Nord et le retrait de ses fonctions de secrétaire de rayon de Roubaix-Tourcoing, en raison de la grosse responsabilité qui lui incombe dans l'absence de cellules d'entreprises à Halluin, qui a compté dans le passé jusqu'à 15 cellules d'entreprises;

3° Les camarades qui travaillent dans les usines et qui sont affectés dans les cellules locales devront être affectés dans les cellules d'usines. Ce travail d'organisation doit s'accompagner d'un profond travail de persuation.

Les camarades qui travaillent dans les petites usines seront orientés vers de grosses usines. Cette tâche doit être plus particulièrement menée avec énergie et persévérance dans le Nord et la R. P.;

4° Il sera créé, dans le plus bref délai, auprès des Rayons industriels, des Régions et du Comité Central, des équipes de lutte de 3 à 5 camarades qui seront envoyés dans les usines pour y organiser des Cellules et pour y mener les campagnes (1er Mai, 1er Août).

Le Comité de Rayon devra orienter vers les usines et suivant les nécessités de la lutte, les camarades sans travail ou licenciés;

5° Les tâches concrètes seront fixées aux Cellules de rues et locales, aux Comités de Régions et de Rayons, pour la conquête de points stratégiques précis. Le Comité Central fixera, après discussion, les tâches concrètes et précises aux principales régions industrielles (R. P., Nord, Est, Lyon, Marseille, Alsace-Lorraine), ainsi que le B. P. l'a déjà fait pour la R. P. en ce qui concerne les effectifs;

6° Dans les régions où le prolétariat agricole, la paysannerie pauvre constituent les couches importantes, les comités du Parti intéressés devront poursuivre le recrutement d'ouvriers agricoles et de paysans pauvres, leur organisation sur la base des entreprises et des villages, en veillant particulièrement à ce que la lutte politique soit étroitement liée à la lutte revendicative contre les exploiteurs agricoles et les propriétaires fonciers.

Les cellules à base paysanne devront s'organiser en travail de fraction dans les organisations de masse (syndicats d'ouvriers agricoles et de métayers sur la base de classe, comités de paysans travailleurs, etc..). Les comités dirigeants du Parti devront fixer les objectifs de travail parmi les couches paysannes décisives et donner un contenu politique précis de cette lutte.

III. — TRAVAIL ANTIMILITARISTE

Les Régions du Parti doivent faire un sérieux effort pour passer à l'application de l'action antimilitariste de masse qui est l'arme importante du Parti dans la lutte contre la guerre impérialiste et pour la fraternisation *active* des soldats, marins, réservistes avec les ouvriers dans la grève politique de masse du 1er Mai et toutes les actions du prolétariat :

a) En renforçant le travail antimilitariste dans les entreprises et les villages auprès des conscrits, soldats, marins et réservistes (organisation du Sou du Soldat, vins d'adieu, parrainage) ;

b) En développant l'organisation de la masse des réservistes et de conscrits dans les amicales de conscrits et de réservistes ;

c) En intensifiant l'organisation de la solidarité et des moyens de liaison de masse des ouvriers avec l'Armée rouge (campagne pour les trois mitrailleuses à l'Armée rouge) ;

d) En améliorant la diffusion du matériel antimilitariste dans les entreprises et sur la base locale ;

e) En constituant, pour la direction de ce travail anti de masse, les commissions anti à tous les échelons du Parti et de la Jeunesse ;

f) En orientant les syndicats unitaires et les organisations de lutte de classes vers les objectifs antimilitaristes permettant de réaliser, sur une base plus large, les tâches incombant à la classe ouvrière et déterminée par notre Parti.

IV. — VIE ET STRUCTURE DES CELLULES

1º La lutte la plus vigoureuse doit être menée contre la passivité de certaines Cellules et de leurs membres, en particulier au cours des luttes actives (grèves, manifestations). Les sanctions publiques devront être prises contre les dirigeants qui freinent les luttes et qui, au moment où la lutte est engagée, sabotent consciemment ou inconsciemment.

Au moment où la décision de la lutte est prise (grèves, manifestations), chaque communiste doit se soumettre et exécuter la décision prise avec activité;

2° Dans les tâches pratiques quotidiennes, chaque membre de la Cellule doit avoir une responsabilité bien déterminée et la répartition du travail doit être telle qu'elle ne fasse pas supporter tout le travail seulement sur quelques camarades;

3° Une des tâches primordiales de chaque membre de la Cellule est de procéder, dans son propre atelier, à un recrutement systématique;

4° Chaque membre de la Cellule doit s'efforcer de déceler tous les mouvements et occasions susceptibles d'entraîner les ouvriers à une lutte de masse et tenir au courant le Bureau de la Cellule. La Cellule elle-même doit prévenir le Rayon *dès* que se manifeste une effervescence dans l'usine;

5° Dans les grandes usines, la structure de la Cellule doit être telle qu'elle permet une liaison avec la masse de l'usine et, en même temps, une action coordonnée de tous les communistes de l'usine. La liaison entre cellules d'une même firme doit être réalisée régionalement et nationalement sur la base de correspondances, du journal de firmes et de conférences de firmes.

Les groupes d'ateliers sont plus particulièrement susceptibles de réaliser une telle structure. Dans ce cas, la réunion du plenum de la Cellule est subordonnée aux conditions de lutte dans l'usine;

6° Au cours des luttes et en vue des luttes, la tâche capitale de la Cellule est de créer à l'usine des organismes de masse, des organismes de front unique de tous les ouvriers de l'usine sans organiser des comités de lutte particuliers à chaque catégorie d'ouvriers.

Dans la période actuelle d'accentuation de la lutte, la création *de comités de lutte*, de comités d'entreprises et de sections syndicales doit être placée par la cellule au premier plan de ses préoccupations.

V. — L'ORGANISATION DES TRAVAILLEURS ÉTRANGERS DANS LE PARTI

a) La Conférence Nationale indique au Comité Central la nécessité urgente d'appliquer les décisions de *Lille* et de *Saint-Denis* en ce qui concerne l'organisation des étrangers dans le

Parti, c'est-à-dire : lutter contre les tendances autonomistes des sous-sections de langue et les maintenir dans leur rôle d'application de la politique pratique déterminée par les comités réguliers du Parti.

Il ne peut y avoir qu'une seule direction centrale : le C. C. par l'intermédiaire de sa section centrale de la M. O. E. Il doit en être de même à tous les échelons du Parti ;

b) Les groupes de langue dans leur travail du Parti et dans leur travail de fraction au sein des organisations de masse, doivent avoir pour unique direction les comités réguliers du Parti : Régions, Rayons et Cellules ;

c) La base d'organisation pour les ouvriers étrangers, c'est la Cellule du Parti. L'orientation : l'usine, tant pour le Parti que pour les syndicats et autres organisations extérieures. Ce travail urgent d'organisation doit amener dans le Parti les ouvriers étrangers travaillant dans les grandes régions industrielles et les industries décisives, les entraîner à tout le travail du Parti, les amener à participer à toutes manifestations et actions dirigées par le Parti.

Il s'agit de conduire ce travail avec fermeté, sans mécanisation, en continuant et en accentuant le travail d'éclaircissement déjà entrepris par la section centrale de la M. O. E. par son bulletin mensuel d'Information et par une liaison vivante avec les grandes régions d'immigration.

Ce redressement ne pourra être fécond que dans la mesure où l'ensemble du Parti vaincra définitivement la sous-estimation des questions intéressant la M. O. E. et défendra d'une façon permanente, à travers les luttes, les revendications particulières, économiques et politiques des ouvriers immigrés ;

d) La Conférence Nationale indique enfin, au Comité Central, la nécessité de faire participer au travail de la section de la M. O. E. des membres du Comité Central et de réaliser ainsi une meilleure liaison avec cette dernière.

VI. — JOURNAUX D'USINES, CORRESPONDANTS OUVRIERS

1° Dans la période actuelle, le travail semi-légal, le journal d'usine, acquiert une importance toute particulière.

Chaque cellule d'usine doit absolument tirer son journal d'usine régulièrement. La Conférence fixe le chiffre de 300 jour-

naux d'usines réguliers comme étape à atteindre pour le X° Anniversaire du Parti. Des objectifs concrets et précis seront fixés à chaque Région ;

2° La Cellule doit éditer le journal par ses propres moyens, allant des moyens les plus rudimentaires (polycopie) jusqu'au journal imprimé suivant les possibilités et l'importance. Les journaux de chaîne et les journaux de firmes devront également être encouragés ainsi que les journaux muraux ;

3° Les ouvriers sympathisants doivent être entraînés à la collaboration dans la rédaction, la confection et la diffusion du journal, dans son aide financière et sa défense ;

4° Le contenu du journal doit être lié davantage aux revendications propres de l'usine et aux couches employées dans l'usine (étrangers, ouvrières, jeunes). La parution du journal syndical ne doit pas faire disparaître le journal de la cellule et l'étiquette communiste du journal ne doit pas être cachée ;

5° Les correspondants ouvriers doivent passer à un stade supérieur d'organisation, au stade des *cercles de correspondants*. Ils doivent être liés plus étroitement aux organismes correspondants du Parti et leur politisation accentuée.

Les correspondants ouvriers doivent être organisés non seulement autour de notre presse centrale, mais aussi autour de notre presse de province et de notre presse d'usine.

VII. — LE TRAVAIL DE MASSE

1° La création d'organismes de masse, d'organismes de front unique, la pratique de congrès ouvriers doivent être plus largement réalisés que cela n'a été fait jusqu'à présent. Le travail de masse, dans la période présente, implique également un large travail de groupement des ouvriers dans les formations de défense prolétarienne et aussi l'orientation des masses vers l'adoption d'une tactique et d'une organisation systématique des manifestations de rues ;

2° Les comités de défense de *l'Huma* doivent continuer à être créés, mais leur orientation doit être davantage tournée vers le travail dans les usines. Leur activité doit être placée sous le contrôle direct des comités locaux du Parti.

Le recrutement pour le Parti doit se faire dans ces comités ;

il faut également aider à l'initiative des comités pour l'éducation de leurs membres;

3° *Les Comités de grève.* — Ils doivent être considérés comme des organismes de front unique à la base. Ils ne doivent pas être constitués par en haut, mais être élus par les ouvriers et comprendre les ouvriers inorganisés les plus combatifs. Le comité de grève est un instrument de lutte contre le patronat, l'Etat bourgeois et les social-fascistes;

4° *Les fractions.* — Le Comité Central doit veiller, par sa section syndicale, au fonctionnement régulier des fractions dans les Fédérations les plus importantes (Métaux, Produits chimiques, Textile, Mineurs, Ports et Doks, Cheminots), et dans les Syndicats les plus importants des Fédérations et aussi au contrôle direct de la Direction du Parti sur les fractions des Directions syndicales et autres organisations de masse.

La section syndicale centrale devra également veiller à l'organisation des sections syndicales régionales.

Des fractions devront également être organisées dans les organisations de masse les plus importantes: Locataires, Secours Rouge, Accidentés de Travail, Amis de l'U.R.S.S., C.G.P.T., F.S.T., A.R.A.C., les organisations de masse de la M.O.E.

VIII. — LES COMITÉS DU PARTI

1° Le Comité Central, avec la masse du Parti, doit poursuivre l'examen des Directions régionales sous le double aspect de l'application de la politique du Parti et de leur liaison avec les centres décisifs et les couches décisives du prolétariat. Cet examen doit avoir pour conclusion, l'accès de nouveaux éléments aux postes de direction. Les membres d'organismes inférieurs faisant partie d'un comité supérieur ne doivent pas se considérer comme des représentants de l'organisation inférieure dans le comité, mais comme des dirigeants responsables du comité supérieur devant participer à la direction de l'organisation;

2° Dans la période qui vient, les situations sont de nature à évoluer rapidement et aussi à présenter des changements brusques; les comités doivent faire preuve de la plus grande initiative et être aptes, par des liaisons étroites qu'ils auront établies avec leurs Cellules, à mobiliser rapidement le Parti sur des mots d'ordre de lutte à appliquer dans des délais très courts;

3° Les sections de travail ne se limitant pas à un camarade responsable et comprenant de nouveaux camarades pris même en dehors du Comité Régional, devront travailler effectivement et fonctionner régulièrement. Ces sections de travail doivent aussi fonctionner auprès des Comités de Rayons les plus industriels.

Les sections qu'il est nécessaire de faire fonctionner en premier lieu sont : la section syndicale, la section d'organisation, la section d'agit-prop. et la section anti. Dans la réalisation par le comité des tâches fixées par la présente résolution, les sections d'organisation auront un grand rôle à jouer. Les commissions de révision devront se transformer en sections d'organisation.

4° Au sein de chaque comité, indépendamment des responsabilités des camarades dans les différentes branches de travail, des responsabilités précises devront être fixées pour l'exécution de la politique du Parti dans des sous-rayons ou cellules déterminées.

IX. — LES QUESTIONS FINANCIÈRES

Au point de vue financier, les dispositions suivantes doivent être appliquées le plus rapidement possible :

1° Paiement par les Rayons aux Régions des timbres au taux fixé par les Congrès ;

2° Respect par les membres du Parti du barème des cotisations (c'est-à-dire cotisations correspondantes aux salaires). A ce point de vue, les comités du Parti devront opérer une revision complète, membre par membre, afin de parvenir à la plus stricte observation du barème.

Les cas spéciaux concernant les ouvriers et paysans pauvres, dans certaines régions, devront faire l'objet de délibérations des Cellules et des décisions particulières qui seront prises ne doivent entrer en application qu'après avis du Bureau de Rayon correspondant ;

3° Travail sérieux pour la rentrée des dettes des Rayons aux Régions ;

4° Réorganisation, avec méthode et sans bureaucratie, de l'administration et des finances des Cellules, des Rayons et des Régions. Les trésoriers à tous les échelons doivent se considérer comme des responsables politiques. Ils doivent faire le travail idéologique et de persuation des trésoriers des organismes inférieurs soit par des visites, soit par des conférences.

Ne pas livrer du matériel à un organisme inférieur sans que celui-ci n'ait réglé entièrement les commandes antérieures. Meilleur aménagement des finances de chaque organisme;

5° Contrôle sévère des finances de chaque organisme du Parti par :

a) La nomination des commissions de contrôle à tous les échelons, se réunissant fréquemment;

b) Publication des bilans pour les membres du Parti afin que ceux-ci exercent un contrôle sévère sur les dépenses et fassent en connaissance de cause l'effort financier qui s'impose.

6° Lutter contre la tendance à croire que le Centre et l'I.C. sont là pour payer les déficits de chaque organisme;

7° Amortissement des dettes des Régions au Centre, et chez les imprimeurs, surtout quand ce sont des imprimeries du Parti;

8° Recherche systématique de ressources extraordinaires (quêtes, souscriptions, fêtes, etc...);

9° Organisation sérieuse et méthodique de la diffusion des éditions, caisse indépendante pour les éditions sous le contrôle de l'organisme correspondant du Parti et paiement du matériel livré.

X. — CONTROLE ET RÉALISATION DES TACHES

1° Les tâches et objectifs ainsi fixés seront réalisés en premier lieu par le contrôle et l'initiative de l'ensemble du Parti et des masses au moyen de l'émulation et de l'auto-critique. Ce contrôle de l'ensemble du Parti et des masses sera en même temps un stimulant puissant.

Pour atteindre son but, l'émulation doit réaliser les conditions suivantes:

a) Comprendre les objectifs précis adaptés à la force de l'organisation;

b) Vérifier fréquemment, avec les masses, le stade dans lequel on se trouve. (Cet appel aux masses implique une popularisation large des contrats et des résultats obtenus à l'aide de votre presse);

c) Ne pas rester enfermé dans les comités, mais fixer des tâches précises aux Cellules pour la réalisation de l'objectif et orienter Cellules et même membres du Parti vers l'utilisation de l'émulation ;

d) Conduire à des objectifs précis de *lutte* (débrayage et manifestations pour le 1er Mai).

2° Mais le contrôle et le stimulant de l'émulation de la part du Parti et des masses doit s'accompagner du contrôle des directions du Parti à tous les échelons.

Ce contrôle doit consister dans la vérification avec les organismes inférieurs des tâches et des objectifs fixés.

Ce contrôle et cette vérification se font par les camarades responsables du C. C. (responsables auprès des Régions), des Comités et par les instructeurs qui devront être institués auprès des comités régionaux comme cela s'est déjà fait auprès du C.C.

D'autre part, la S.C.O. doit mettre en pratique le système des stagiaires ou pratiquants.

Le contrôle et la vérification ne doivent pas revêtir seulement le caractère d'une simple inspection, mais se réaliser par une aide et un soutien pratique aux organismes inférieurs.

3° Les comités à tous les échelons doivent informer régulièrement les organismes supérieurs des résultats acquis à l'aide de rapports périodiques.

Les directions régionales devront envoyer à la Direction du Parti, au plus tard le 10 mai, un rapport sur l'application des décisions de la présente résolution.

XI. — CONFÉRENCES RÉGIONALES D'ORGANISATION

1° Pour les régions les plus importantes et les plus industrielles, les objectifs, les tâches de la présente résolution seront encore concrétisés dans les conférences d'organisation qui devront se tenir dans les semaines qui suivront la Conférence Nationale.

Ces conférences détermineront les voies et moyens qui permettront d'atteindre ces objectifs.

2° Ces conférences seront utilisées en même temps pour faire le point dans la préparation du 1er Mai, pour examiner où en est le travail fait et fixer de nouvelles tâches.

3° Ces conférences seront composées de Secrétaires de sections d'organisation, du Comité Régional, des représentants des sections d'agit-prop. syndicale, féminine et des autres sections ainsi que des Jeunesses, de représentants des principales Cellules d'usines de la Région, des secrétaires des plus importants Rayons industriels, les représentants de quelques Cellules de rues les plus importantes.

Dans la mesure du possible, devront assister, à titre d'invités, les membres des Cellules de la localité où se tiendra la conférence.

4° L'ordre du jour de ces conférences comprendra :

a) Un rapport sur les décisions d'organisation de la Conférence Nationale en liaison avec les tâches fixées pour le 1ᵉʳ Mai ;

b) La réalisation des objectifs régionaux dans la conquête des usines, dans le recrutement. Les tâches et les méthodes de travail des cellules, en particulier l'examen de leur travail de masse ;

c) Le travail d'agitation et de propagande de la cellule d'usine. Le journal d'usine (rédaction, confection, diffusion) ;

d) Le travail des fractions, plus particulièrement des fractions syndicales et travail des comités du Parti (comités de sous-rayons et de rayons).

5° Les conférences régionales seront précédées autant que possible de conférences d'information et d'organisation de rayons. La première conférence régionale d'organisation (R.P.) aura lieu les 12 et 13 avril avec la présence des responsables d'organisation des principales régions (Nord, Est, Nord-Est, Troyenne, Centre-Est, Lyon, Marseille, Languedoc, Bordeaux, Limousine, Centre, Alsace-Lorraine, Basse-Seine).

XII. — PRÉPARATION DU 1ᵉʳ MAI

1° La réalisation des objectifs d'organisation (accroissement des effectifs, des Cellules d'usines, des journaux d'usines), ne pourra avoir lieu qu'au cours même des luttes quotidiennes et qu'à l'occasion des grandes campagnes.

La préparation du 1ᵉʳ Mai comme grève revendicative et politique de masse doit être une première occasion de mettre tout en œuvre pour développer nos moyens d'action.

2° L'effort essentiel doit porter sur le développement puissant de notre travail de masse, en accord avec les syndicats.

L'organisation des congrès ouvriers dans les centres et industries décisifs doit être notre *tâche immédiate* (surtout dans les industries où commence à se manifester le chômage).

Ces congrès ouvriers seront précédés et suivis de l'organisation de *comités de lutte*, organe de front unique à la base, et ayant pour objectif la préparation de la lutte pour le 1ᵉʳ Mai, dans la métallurgie, les produits chimiques, le textile, les mines, l'industrie de guerre où au 1ᵉʳ Août l'action fut insuffisante, ainsi que l'organisation de comités régionaux inter-industriels en vue de la lutte du 1ᵉʳ Mai.

3° La préparation de ce travail de masse nécessite une action d'intense agitation et d'organisation dans les usines.

Toutes les forces du Parti devront être tournées vers ce front.

Les décisions du paragraphe 2 de la présente résolution devront, à cet effet, être appliquées le plus tôt possible.

4° En même temps, ce travail de masse doit s'orienter vers la formation de groupements larges de défense prolétarienne contre les fascistes et les social-fascistes et les forces policières.

5° Le travail des cellules devra être orienté systématiquement vers la préparation minutieuse du 1ᵉʳ Mai dans les usines. Les initiatives qui se sont faites jour le 1ᵉʳ Août devront être utilisées très largement : en particulier, la lutte des ouvriers de chez Citroën à l'intérieur de l'usine.

6° Au cours de la préparation, la lutte la plus vigoureuse doit être menée contre les illusions démocratiques et légalistes, qui se traduisent par la négligence systématique dans l'adoption des mesures les plus élémentaires de sécurité. La préparation et la tenue des congrès ouvriers, en particulier, devra se faire en tenant compte de ces considérations. (Le Congrès de Valenciennes est une nouvelle démonstration de cette nécessité).

Au cours même du 1ᵉʳ Mai, il faudra tenir compte, en particulier dans la R. P., des fautes légalistes commises l'an dernier en ce qui concerne les permanences.

ANNEXE N° 1

Travail pour le renforcement de la Jeunesse Communiste

Chaque Cellule du Parti, d'usine ou locale doit aider la Jeunesse Communiste à recruter parmi les jeunes ouvriers et ouvrières, en orientant particulièrement ce travail vers les entreprises. Là où la J. C. n'existe pas, le Parti doit la créer par son recrutement.

Le principe: « *A côté de chaque cellule du P. C., une cellule de J. C.* », doit être appliqué et même dépassé.

Par exemple, un Rayon pourra se fixer comme objectif: la conquête d'une usine employant une grande majorité de jeunes et où le recrutement parmi les adultes est difficultueux du fait qu'il s'agit du personnel de maîtrise.

Le P. C., en jouant à tous les échelons son rôle de dirigeant envers la J. C., par l'aide dans le travail et dans la direction, permettra d'élever le niveau politique de cette dernière et d'effectuer son tournant en se transformant en une organisation de masse de la jeunesse qui jouera, vis-à-vis du Parti le rôle de réservoir.

Il faut condamner sévèrement la méthode qui consiste à surmonter la crise des cadres du Parti, non en recrutant parmi les ouvriers les plus combatifs, mais en puisant mécaniquement et systématiquement parmi les forces de la J. C. sans tenir compte des tâches qui lui incombent. Cette méthode qui a pour conséquence d'affaiblir la J.'C. et de la désorganiser l'empêche justement de jouer son rôle de réservoir du Parti.

ANNEXE N° 2

Sur l'auto-défense

L'auto-défense est une question qui dépasse le cadre d'une petite organisation fermée, à caractère de secte. C'est dans la mesure où nous entraînerons les masses dans des manifestations fréquentes que nous l'habituerons à combattre pour la conquête de la rue et à s'organiser pour cette lutte.

Par conséquent, l'organisation d'auto-défense doit être large, souple et créée sur tous les terrains.

En premier lieu à l'usine, pour la lutte contre les mouchards, pour la préparation aux grèves et aux manifestations. Aucun mouvement ne devra être préparé sans que le problème de l'auto-défense et de la formation des piquets ne soit posée devant la masse.

Sur la base de l'industrie, avec l'appui du Syndicat, les mêmes groupes peuvent être formés. Ils devront être orientés pour un recrutement vers les non-syndiqués.

Sur la base locale, et dans les organisations auxiliaires : Comités de *l'Huma*, S.R.I., Amis de l'U.R.S.S., Locataires, etc..., on peut entraîner les ouvriers à la conquête de la rue et à la formation des groupes d'auto-défense.

La F.S.T., par son caractère particulier, peut participer tout entière à l'auto-défense, à condition qu'un travail idéologique meilleur soit fait parmi ses adhérents.

Ces groupes, constitués sur les terrains les plus divers, devront être dirigés centralement et former ainsi une organisation permanente dont la structure ne peut être fixée mécaniquement à l'avance. Il faut éviter de renouveler l'expérience désastreuse des G.D.A. et des J.G.A.

Le Parti jouera sur ce terrain son rôle de dirigeant en formant lui-même ses équipes, en contrôlant et en dirigeant l'activité de tous les groupes. C'est lui qui doit faire l'éducation de la masse sur cette question, en popularisant largement le caractère fasciste de l'appareil d'Etat et tous les exemples de résistance à la police.

Les groupes de jeunes devront être formés sur la même base, ils auront en plus comme tâche particulière, d'opposer l'entraînement révolutionnaire de la jeunesse à la préparation militaire bourgeoise.

ANNEXE N° 3

Diffusion de la littérature à l'intérieur du Parti

1° Des carnets de commandes émanant du Bureau d'Editions, numérotés avec duplicata et timbrés par les régions, seront remis à chaque Rayon.

2° Les commandes ne seront effectuées que sur la base des feuilles de commandes extraites des carnets mentionnés plus haut.

3° Les expéditions se feront directement à l'adresse des rayons avec la facture respective ou un bordereau de livraison. Un double de la facture sera transmis à la région pour le contrôle ainsi que pour le débit du rayon.

On peut envisager :

a) Un compte-direct du Bureau des Editions aveb les Rayons et toutes les opérations sous le contrôle de la Région.

b) Un compte du Bureau des Editions avec les Régions. Dans ce cas, la Région débitera elle-même ses rayons, d'après les doubles des factures reçues du Bureau des Editions.

Un livre d'achat avec autant de colonnes que de Rayons ou dépôts suffira aux Régions pour connaître à tous moments le total des prises de chaque Rayon.

4° Les remises accordées diretements aux Régions seront de 40 % (33% aux Rayons et une ristourne aux Régions de 3 % sur les recettes nettes).

Les règlements se feront soit facture par facture, soit par compte mensuel et enfin par règlement trimestriel.

Ces conditions s'entendent pour nos propres éditions seulement.

Les fournitures d'ouvrages d'autres éditeurs seront décomptées au plus juste prix et *ne le feront qu'au comptant.*

———

Résolution sur la politique syndicale du Parti

La X° Session plénière du Comité Exécutif de l'I. C. a souligné que « *les grandes masses ouvrières, auxquelles l'offensive du capital apporte dans le monde entier une exploitation grandissante, un épuisement rapide à la suite du travail de forçat dans la fabrique capitaliste rationalisée, la mise au rancart prématurée des esclaves du travail, le chômage grandissant, l'augmentation de la journée de travail, la baisse du niveau d'existence et l'insécurité grandissante, résisteront de plus en plus fortement à l'offensive du capital et passent toujours plus souvent et courageusement à la contre-offensive.* » Elle a déclaré très justement que *les combats de classe qui se sont déroulés depuis le IV° Congrès de l'I.S.R. expriment les éléments d'une nouvelle poussée révolutionnaire du mouvement ouvrier.* Le caractère politique des conflits de classe actuels, où sont entraînés des millions d'ouvriers, pose impérieusement aux Partis communistes la question de la nécessité pour eux de diriger directement les luttes économiques et d'organiser ces batailles pour les revendications immédiates *sous l'angle des perspectives de lutte pour le pouvoir politique.*

La Conférence Nationale du P.C.F. se déclare entièrement d'accord avec ces appréciations et avec les tâches pratiques déterminées dans la résolution du X° Plénum. Elle demande à tout le Parti de se mobiliser pour débusquer définitivement l'opportunisme, pour une meilleure organisation des luttes économiques de la classe ouvrière, pour leur élévation à un niveau politique supérieur, pour leur direction dans la voie révolutionnaire contre le pouvoir bourgeois.

Cette mobilisation suppose la correction de grosses faiblesses enregistrées dans le travail syndical du Parti depuis son VI° Congrès national. Si la lutte contre le réformisme syndical a été menée avec une grande vigueur, si des efforts sérieux ont été faits pour nous rapprocher des masses les plus exploitées et nous lier à elles, si le Congrès de la C.G.T.U. a été un événement historique capital dans la clarification des problèmes posés devant le mouvement ouvrier français, si nous avons défini avec précision le rôle dirigeant du Parti et si notre travail l'a fait reconnaître par de larges masses organisées et inorganisées, néanmoins, une attention insuffisante a été apportée à la réalisation concrète totale des décisions du Congrès. Plus que jamais, nous devons éviter de laisser notre ligne juste « en l'air » dans des textes, et nous consacrer à la faire passer dans la vie et à *l'appliquer pratiquement en toutes circonstances.*

LE BILAN DU CONGRÈS DE LA C. G. T. U.

La C. N. souligne que l'appréciation donnée par le VI° Congrès du Parti sur l'identité des courants opportunistes dans le Parti et des tendances anarcho-réformistes dans la C. G. T.U. a été entièrement vérifiée dans les faits. Les évènements de la dernière période (Congrès confédéral, Congrès des Fédérations d'industries, grèves), ont démontré que les courants opportunistes, battus dans le Parti, ont trouvé leur expression sous une forme encore plus aiguë dans le mouvement syndical.

La base des désaccords entre la minorité syndicale, quelles que soient les étiquettes dont elle se pare, et la majorité confédérale, porte sur des questions fondamentales de principe et de tactique (fausse appréciation du caractère de la stabilisation capitaliste, négation des dangers de guerre, négation de la radicalisation des masses, résistance à l'auto-critique publique des grèves, maintien des formes périmées d'organisation et de lutte, refus de reconnaître le rôle dirigeant du Parti, attaques contre l'U.R.S.S. au travers de l'I.C. et de l'I.S.R., etc...) la classant parmi les adversaires des plus acharnés du communisme et constituant une entrave au développement de la lutte révolutionnaire des masses.

Le fait que nous n'avons pas obtenu une mobilisation de l'ensemble des communistes pour une préparation active du Congrès Confédéral et des Congrès de Fédérations d'industries, démontre une incompréhension de ce que doit être dans la pratique le rôle dirigeant du Parti et une sous-estimation, de la part de nos adhérents, de la lutte à mener contre l'opportunisme dans le mouvement syndical.

La C. N. marque comme un premier effort de redressement opéré dans ce domaine, les résultats obtenus au V° Congrès de la C. G. T. U.

Parmi les côtés positifs les plus importants du Congrès confédéral, il faut indiquer :

1° Les problèmes politiques furent en général posés d'une façon juste et avec beaucoup de force, permettant de situer sans équivoque les points de désaccord entre la plate-forme contre-révolutionnaire des minoritaires, contraints de démasquer leur position politique, et la majorité confédérale.

2° La reconnaissance, dans une résolution officielle de la C. G.T.U., du rôle dirigeant du Parti, comme « seule avant-garde prolétarienne dirigeante du mouvement ouvrier » et pour la première fois dans l'histoire du mouvement syndical français, l'intervention officielle d'un représentant du C. C. du Parti.

3° L'établissement des résolutions et du programme confédéral qui fixent clairement l'orientation politique et les tâches de la C.G.T.U. dans toutes les branches de son activité, et constituent la chart es syndicats révolutionnaires.

4° La réorganisation et le renforcement de la Commission Exécutive Confédérale par l'incorporation de nouveaux éléments et lui garantissant une amélioration dans ses méthodes de travail collectif.

5° Le Congrès confédéral a marqué le début d'une lutte plus énergique contre l'opportunisme syndical et le réformisme dans la C.G.T.U.

Malgré ces résultats positifs indiscutables, qui font que le Congrès est un grand pas en avant vers la liquidation des traditions anarcho-réformistes, la C. N. tient à souligner toute une série de côtés négatifs et de faiblesse dans la préparation du Congrès Confédéral, la discussion pendant le Congrès et la mise en application des décisions qui en sont sorties:

1° La faible participation des communistes à la préparation du Congrès confédéral a abouti à une absence presque totale de mobilisation des masses travailleuses organisées et inorganisées pour les intéresser à l'étude et à la discussion des problèmes posés devant le Congrès. A cela se rattache une représentation directe et une participation aux débats insuffisante des couches prolétariennes les plus exploitées.

2° Une juste proportion n'a pas été observée entre l'explication des problèmes politiques et l'examen des tâches pratiques figurant à l'ordre du jour du Congrès. Cette disproportion n'a pas été rattrapée dans le Congrès et a eu comme conséquence un manque de coordination entre la partie traitant de l'orientation politique et celle traitant des moyens de réaliser le programme confédéral.

3° La C. N. souligne comme une des faiblesses du Congrès la place insuffisante accordée à l'examen des problèmes concrets de la conquête de la majorité de la classe ouvrière, la préparation, l'organisation, la stratégie et la tactique des luttes prolétariennes, l'amélioration de l'organisation syndicale et de son fonctionnement, etc...

Les moyens pratiques d'organisation d'un mouvement de masse contre la répression et pour la défense de la légalité syndicale n'ont pas été examinés avec l'ampleur nécessaire, en tenant compte des circonstances même dans lesquelles se tenait le Congrès confédéral (refus de la salle de Clichy, arrestation et travail dans l'illégalité d'une partie de la direction confédérale, mobilisation des forces policières, etc...)

4° Le Congrès n'a pas réagi avec suffisamment de vigueur contre les tentatives de sabotage des travaux du Congrès par les minoritaires. Une mauvaise conception de la démocratie syndicale, et l'acceptation du droit identique au même temps de parole, sont des erreurs qui pouvaient être évitées par une direction plus collective des membres du C. C., participant aux travaux du Congrès.

5° La C. N. déclare que l'adjonction à la dernière partie de la résolution d'orientation de la C.G.T.U. indiquant que : « la proclamation de ce rôle dirigeant et sa reconnaissance ne sauraient être interprétées comme la subordination du mouvement syndical ni une modification statutaire entre le Parti Communiste et les organisations de masse que sont les syndicats unitaires » est une faute politique.

Cette adjonction est en réalité une concession faite aux minoritaires et aux éléments hésitants de la majorité confédérale. Elle constitue une atténuation à la proclamation du rôle dirigeant du Parti qui ne devait pas être faite.

La C. N. indique que cette adjonction est la conséquence d'une explication politique insuffisante donnée sur la définition du rôle dirigeant du Parti.

6° Le relâchement de l'activité des communistes dans les Syndicats s'est manifesté encore plus fortement au travers des Congrès de Fédérations d'industries qui ont précédé ou suivi le Congrès confédéral. La position centriste confusionniste prise par les dirigeants communistes au Congrès unitaire de l'Enseignement est caractéristique à cet égard.

La C. N. considère que les échecs enregistrés aux congrès

de l'Enseignement, des Ports et Docks, de l'Alimentation, du Réseau Etat, proviennent en premier lieu de l'absence de travail sérieux des communistes à leur préparation.

7° La C. N. souligne enfin qu'une grande lenteur a été apportée, après le Congrès confédéral à la popularisation, dans les masses, des décisions de ce dernier. La campagne de presse a été insuffisante. Les assemblées d'information organisées par la C.G.T.U. permirent de corriger en partie ces faiblesses. Il eut été cependant nécessaire de ne pas restreindre ces assemblées aux cadres et aux syndiqués, mais de les élargir en assemblées populaires larges et par l'organisation de réunions d'usines.

Dans cet examen auto-critique du travail syndical depuis le Congrès National du Parti, la C.N. déclare qu'il ne saurait être question de rejeter uniquement la responsabilité des fautes et des faiblesses signalées sur les militants du Parti ayant des fonctions responsables dans la C.G.T.U. Ces fautes et ces faiblesses sont imputables à l'ensemble du Parti, sa direction y compris.

NOS TACHES IMMÉDIATES

En conséquence les décisions du congrès de Saint-Denis concernant les tâches des communistes dans les syndicats conservent toute leur valeur et doivent être mises en application par tous les membres du Parti. Cependant la C. N. tient à en préciser une série particulièrement d'actualité:

1° Pour assurer une orientation juste du travail de la C.G. T.U., il est indispensable d'améliorer la liaison entre le Bureau Politique, le C.C. du Parti et les militants du Parti responsables à la Direction confédérale. Le B.P. et le C.C. du Parti, pour assurer une direction politique effective du travail des communistes à la C.E. Confédérale, doivent étudier plus fréquemment et plus en détail les problèmes qui se posent devant le mouvement syndical et fixer ainsi l'orientation politique du travail de ces camarades.

2° La fraction communiste de la C.E. doit contrôler l'exécution du plan de travail élaboré en vue de l'application concrète des décisions du Congrès. L'objectif principal de la C. E. confédérale est : la conquête de la majorité de la classe ouvrière dans les Fédérations d'industrie décisives et dans les centres décisifs. En conséquence, les communistes de la C. E. confédérale doivent employer leurs efforts pour que toute la C.G. T.U. apporte son appui le plus complet aux Fédérations d'industries suivantes: Métallurgies, Produits chimiques, Mineurs, Textile, Bâtiment, en collaborant étroitement à leur travail.

3° La Section syndicale centrale, les Sections syndicales régionales, doivent apporter la plus grande attention au fonctionnement régulier, à une bonne direction politique des fractions aux différents échelons de l'organisation syndicale. A ce sujet, la C. N rappelle que la tâche des fractions n'est pas de remettre en discussion les décisions prises par la Direction du Parti, mais de les adapter à la situation concrète de leur milieu, pour une juste application.

4° Les organismes responsables de direction aux différents échelons du Parti, les Cellules et les Commissions d'organisation, devront vérifier l'activité syndicale des membres du Parti, débusquer les communistes syndiqués honoraires et exiger de chacun d'eux une participation effective au travail de leur syndicat, aux sections syndicales.

5° Le vote sur la résolution d'orientation acquis au Congrès n'exprime pas le véritable rapport des forces entre les tendances. Entre les communistes d'accord avec la ligne du C.C. et la minorité confédérale idéologiquement unie sur une plate-forme réformiste complète ainsi que dans son action contre le communisme et l'orientation révolutionnaire de la C.G.T.U. et qui tente son rassemblement organique orienté vers la scission, il existe tout un « marais » centriste et conciliateur qui constitue un gros danger.

La tâche centrale des communistes dans les Syndicats unitaires est donc de démasquer et de battre tous les courants opportunistes ouverts et masqués dans la C.G.T.U. Un effort particulier doit être porté dans les Fédérations et les Syndicats où les minoritaires conservent les positions dominantes.

La C. N. souligne qu'une des conditions de la liquidation de l'anarcho-réformisme consiste à séparer les « chefs » minoritaires des éléments abusés qui les suivent encore. Cet objectif sera atteint en battant idéologiquement les minoritaires dans leurs organisations respectives par l'application de la démocratie syndicale, et surtout au travers de l'application des décisions du Congrès confédéral dans la préparation, l'organisation et la direction des luttes de la classe ouvrière. Ainsi, nous éliminerons les éléments réformistes des directions syndicales en gagnant la majorité des syndiqués et des inorganisés à notre plate-forme dans les usines et dans les grèves.

6° Parallèlement à ce travail pour la conquête des directions syndicales, il faut poursuivre leur épuration des éléments corrompus, réformistes et freineurs, pour le recrutement de nouveaux combattants forgés dans les luttes, en les appelant dans les organismes de direction.

La C. N. attire l'attention sur le caractère et les formes de la campagne de révision des cadres dans les Syndicats qui ne doit pas être une transposition mécanique des procédés employés pour l'épuration du Parti. Elle ne saurait signifier l'exclusion des syndiqués pour désaccord de tendance, mais leur élimination des fonctions responsables par le libre jeu de la démocratie syndicale et de la conquête de la confiance des masses dans la discussion et l'action. Toutefois, la Conférence Nationale tient à préciser à nouveau que la discipline dans le mouvement syndical doit être observée par toutes les organisations affiliées à la C.G.T.U. et à l'I.S.R. Le refus d'appliquer les décisions de congrès et le sabotage des décisions d'action ne peuvent être tolérées dans les organisations révolutionnaires, sans entraîner des sanctions rigoureuses.

7° En plaçant au premier plan le renforcement des syndicats unitaires et l'amélioration de la composition sociale de la C.G. T.U. par la conquête de nouvelles couches de travailleurs, les communistes doivent se rappeler que l'organisation syndicale est le réservoir naturel de combattants nouveaux pour le Parti. Le recrutement dans les Syndicats de nouveaux adhérents au Parti qui se sont formés dans les luttes contre le patronat, constitue une garantie contre les déviations opportunistes dans nos propres rangs.

8° En présence du rôle accentué que joue la C.G.T. d'instrument du capitalisme et de briseurs de grèves, la C. N. marque la nécessité d'une lutte acharnée contre l'appareil syndical réformiste. Nous devons arracher à son influence les travailleurs des Syndicats confédérés : 1° en les attirant avec les inorganisés dans les organismes essentiels de front unique que sont les *Comités de lutte*, les *Comités d'usine* et les *Comités de grève* élus démocratiquement sur la base de l'entreprise ; 2° en les entraînant dans l'action et en intervenant directement pour la conduite des mouvements de plus en plus nombreux qu'ils mènent ; 3° en les convainquant par notre travail et par l'emploi de nos méthodes de lutte qu'ils doivent adhérer en bloc aux syndicats révolutionnaires.

9° Le développement de la fascisation de l'Etat bourgeois et des organisations qui le soutiennent allant de pair avec une recrudescence de l'activité ou la création de nouvelles organisations fascistes, telles que la Fédération des Syndicats unionistes, fait un devoir aux communistes d'entreprendre une campagne de dénonciation auprès des ouvriers et de les entrainer à une lutte énergique dans toutes les entreprises où ils tentent de s'installer.

10° Les communistes doivent dénoncer vigoureusement dans les syndicats unitaires et devant les masses la signification exacte de la « nouvelle croisade » des minoritaires de la C.G.T.U. pour la réalisation de l'unité syndicale. Cette campagne de ces soi-disant « unitaires » est destinée à masquer les actes scissionnistes, dont ils portent l'entière responsabilité (passage à l'autonomie d'une partie des éléments du syndicat textile de Tourcoing, à la C.G.T. d'une fraction du syndicat des petits cheminots de la Camargue, etc...)

De même il convient de dénoncer comme particulièrement dangereuse la formule de « l'unité ouvrière » remise en circulation par les minoritaires pour couvrir leur politique scissionniste et réformiste. Au moment où les luttes de la classe ouvrière deviennent plus violentes, et où augmentent les actes de sabotage et de briseurs de grève, de la part de l'appareil de la C.G.T., la tâche des communistes consiste à populariser et à réaliser dans la pratique, notre mot d'ordre de front unique dans l'action, par la constitution des comités de lutte et des comités d'usines. Nous devons montrer aux ouvriers, par des exemples précis, qu'au stade actuel de la bataille, l'unité syndicale ne peut plus être réalisée dans la C.G.T. jaune et gouvernementale, mais seulement dans la C.G.T.U.

11° Il faut profiter du travail de préparation pour la Journée du 1er Mai et en général de l'action quotidienne, pour développer dans les syndicats l'émulation révolutionnaire et la liaison internationale. Nos fractions syndicales doivent être les initiatrices de l'élaboration et de la réalisation de contrats d'émulation entre les syndicats, base excellente de travail pour le renforcement des effectifs syndicaux.

12° En liaison avec la préparation du 1er Mai, les communistes doivent être les plus actifs pour assurer celle du 5e Congrès de l'I.S.R. Toutes les questions figurant à son ordre du jour doivent être posées et discutées dans les assemblées syndicales, dans les masses et dans la presse. En faisant le bilan de plus de deux années d'activité des syndicats rouges et des minorités révolutionnaires, le 5e Congrès de l'I.S.R. doit permettre de passer en revue les forces syndicales révolutionnaires, pour une lutte plus énergique contre le capitalisme.

Conformément aux directives de l'I.S.R. à ses organisations affiliées, nous devons œuvrer pour que la délégation de la C.G.

T.U. soit véritablement une représentation des ouvriers du rang. Il faut profiter des campagnes organisées pour la tenue des congrès d'usines, des luttes grévistes, et par la convocation de larges assemblées syndicales, pour faire élire par les travailleurs et les syndiqués eux-mêmes, les meilleurs militants de la base.

13° Dans la situation présente il importe de faire comprendre aux masses et d'accentuer le caractère politique de leurs luttes économiques. Au travers de tous les mouvements nous devons montrer que la question du pouvoir est posée comme seule solution pouvant vaincre la trinité *patronat-Etat-bourgeois-social-fascisme*, et préparer idéologiquement et pratiquement l'élévation de ces mouvements au niveau de la grève politique de masse pour l'instauration de la dictature du prolétariat.

En conclusion, la C. N. indique que le rôle dirigeant du Parti ne peut se borner à une affirmation de principe dans une résolution. Le rôle dirigeant du Parti ne saurait être également envisagé sous l'angle de l'envoi de contrôleurs ou d'inspecteurs du Parti dans les organisme de direction de la C.G.T.U. aux différents échelons. Le Parti ne peut remplir son rôle de seule avant-garde prolétarienne dirigeante du mouvement ouvrier que dans la mesure où les communistes, partout où ils se trouvent et en particulier à la direction et dans le sein même des Syndicats, à la tête des ouvriers dans toutes leurs batailles par leur action, en faisant leurs preuves se montrent les meilleurs défenseurs du prolétariat.

C'est dans l'application de toutes les tâches fixées ci-dessus, en organisant et en dirigeant directement la lutte des ouvriers contre la rationalisation capitaliste, en travaillant au renforcement des syndicats unitaires, en élargissant le front de combat du prolétariat contre la bourgeoisie, en préparant la transformation des mouvements économiques en grève politique de masse contre le régime et en menant une bataille énergique pour la liquidation de l'anarcho-réformisme que le Parti remplira son rôle historique de seul chef du prolétariat et mènera celui-ci à la victoire révolutionnaire.

Résolution de la Conférence Nationale du Parti sur les inondations du Midi

La Conférence nationale du Parti Communiste salue fraternellement et assure de sa solidarité de classe les ouvriers et paysans travailleurs, victimes des inondations qui ont ravagé plusieurs départements du Midi de la France.

Du fait de la destruction d'un grand nombre d'usines, de fermes, d'habitations ouvrières, de la perte de l'outillage et du bétail, des ravages causés dans les terres, des milliers de travailleurs se trouvent dans le dénuement le plus complet.

Le caractère revêtu par ce désastre qui frappe durement les travailleurs est la conséquence de l'incurie criminelle du capitalisme, qui n'a pas pris les mesures les plus élémentaires pour parer aux dangers des inondations.

La politique criminelle de déboisement consécutive à la soif des profits immédiats, l'absence ou l'insuffisance de travaux d'endiguement, de canalisation de secours, *l'insouciance criminelle des services publics négligeant d'avertir les populations*, le retard dans l'organisation des secours, l'absence de services médicaux, l'emploi des soldats sans aucune mesure élémentaire de sécurité, sont les causes incontestables de la mort de centaines de victimes surprises par la soudaineté de l'inondation.

Ayant établi les responsabilités indiscutables du régime capitaliste et de son gouvernement, la Conférence déclare *que c'est lui seul qui doit réparer intégralement les dommages subis par les ouvriers et les paysans travailleurs.*

La Conférence dénonce vigoureusement les méthodes iniques d'exploitation de la sentimentalité des masses qui ont pour but de masquer les responsabilités du capitalisme et de faire payer aux travailleurs les frais du désastre dont il est seul responsable.

Elle met en garde les travailleurs contre les formules d'union sacrée inspirées par le gouvernement capitaliste et groupant déjà tous les profiteurs du prolétariat, des capitalistes à leurs soutiens les social-fascistes, en passant par les archevêques et pasteurs, voulant ainsi faire supporter aux masses laborieuses les conséquences de leur incurie criminelle et, par ce moyen, détourner la colère des travailleurs sinistrés.

C'est la réédition du scandale des régions dévastées par la guerre impérialiste qui recommence. En effet, comme l'indique le requin Tardieu, le gouvernement s'oriente vers la construction de logements « provisoires » pour les travailleurs sinistrés, comme ceux où s'abritent encore, douze ans après la guerre, tant de travailleurs du Nord de la France.

C'est la promesse d'allocations, après des évaluations arbitraires et jamais touchées, comme cela s'est produit également pour les travailleurs du Nord en particulier, et pour tous les travailleurs victimes de la guerre.

C'est la promesse d'éviter le chômage aux travailleurs, mais avec l'intention d'occuper cette main-d'œuvre pour la reconstruction des régions dévastées, à un taux dévalorisé et selon les méthodes de rationalisation féroce.

Le maintien de l'activité économique dont parle Tardieu, c'est la certitude pour les gros industriels capitalistes de s'enrichir scandaleusement, à l'exemple des requins du Nord, et comme eux reconstruire leurs usines sur des données modernes, leur donnant ainsi une valeur qu'elles n'avaient pas avant le sinistre. Car la bourgeoisie mettra au premier plan la reconstruction de sa production sur des bases adaptées au développement de la rationalisation capitaliste, pour le bénéfice exclusif des industriels et gros agrariens en même temps que parallèlement l'exploitation des ouvriers et paysans travailleurs sera considérablement renforcée.

C'est pour réaliser cette escroquerie que criminellement la bourgeoisie et ses valets social-fascistes veulent exploiter l'esprit profond de solidarité prolétarienne existant dans la masse des travailleurs.

La Conférence nationale du P.C. appelle le prolétariat de tous les pays aux côtés des ouvriers et paysans sinistrés pour les aider efficacement dans leur lutte contre la bourgeoisie qui doit seule faire les frais des immenses désastres dont elle est seule responsable.

Le Parti Communiste appelle les ouvriers et les paysans sinistrés à constituer leur front unique de classe pour contraindre le capitalisme à prélever sur les 13 milliards qu'il consacre à

la préparation de la guerre contre l'U.R.S.S. les sommes néces-
saires à la réparation intégrale et immédiate des dommages subis
par les travailleurs.

Pour aboutir à ce résultat elle indique comme seul moyen,
aux travailleurs sinistrés, la base de lutte suivante :

1° La constitution immédiate de comités de sinistrés exclusi-
vement composés de travailleurs;

2° L'évaluation par des comités des dommages existants;

3° La remise des fonds d'Etat à ces comités, seuls qualifiés
pour en faire la répartition;

4° Versement immédiat d'indemnités de chômage égales au
salaire moyen;

5° Logement des sinistrés dans des locaux salubres et priorité
pour la reconstruction des maisons des ouvriers et des paysans-
travailleurs.

*Vive le front unique de lutte des travailleurs sinistrés et de
tous les travailleurs guidés dans leurs batailles par le Parti Communiste!*

*A bas les hypocrites lamentations du capitalisme assassin et
de ses larbins, les social-fascistes compris!*

*A bas les gouvernements capitalistes de quelque étiquette
qu'ils se parent!*

*Vive le Gouvernement Ouvrier et Paysan, instrument de la
dictature du prolétariat!*

Salut aux ouvriers allemands et à leur guide le P. C. A.

La Conférence Nationale du P. C. F. envoie son salut fraternel aux vaillants prolétaires allemands et à leur parti: le Parti Communiste

Les travailleurs français suivent avec la plus fraternelle sympathie la lutte engagée par le prolétariat allemand sous la direction du P. C. A. contre les forces coalisées de la bourgeoisie et du social-fascisme.

Le plan Dawes d'exploitation des travailleurs est suivi par le plan Young d'esclavage. La situation déjà misérable du prolétariat va encore être aggravée par les charges écrasantes du plan Young, œuvre de la II° Internationale social-fasciste et des puissances impérialistes. L'armée des ouvriers sans pain et sans travail s'amplifie chaque jour de nouveaux contingents rejetés de la production. La crise mondiale qui déferle à travers les pays capitalistes, pèsera de tout son poids sur le prolétariat si celui-ci ne mène pas une lutte à mort contre le régime capitaliste.

Mais le plan Young, outre ses conséquences sur la classe ouvrière d'Allemagne, va également renforcer l'exploitation des travailleurs français, par l'accroissement des rivalités impérialistes sur le marché mondial, par la rationalisation poussée à l'extrême, par le chômage menaçant, par la répression fasciste.

Pour la lutte commune des deux côtés de la frontière

C'est pourquoi la lutte commune des prolétaires d'Allemagne et de France est plus nécessaire que jamais. Cette lutte commune a déjà une longue tradition. Il faut aujourd'hui la transformer en une fraternisation de classe constante, épaule contre épaule, la main dans la main pour la lutte contre le plan Young d'esclavage, contre la guerre impérialiste, pour la défense de l'U. R. S. S., pour la dictature du prolétariat, pour l'Allemagne et la France soviétiques.

La Conférence du Parti et l'ensemble du P. C. F. prendront les mesures qui s'imposent pour réaliser cette fraternisation en préparant la grève politique de masse pour le 1ᵉʳ Mai.

Il y a bientôt un an que le social-fascisme a montré sa face hideuse en mitraillant les ouvriers dans les rues de Berlin. Depuis, le prolétariat allemand a prouvé que les coups de la bourgeoisie et des fusilleurs de la IIᵉ Internationale n'arrêteront pas son élan, qu'il est décidé à poursuivre la lutte jusqu'à la victoire de la révolution prolétarienne.

Malgré la répression social-fasciste qui s'abat sur le Parti Communiste, celui-ci ne plie pas et continue avec succès à diriger les luttes révolutionnaires des ouvriers et des chômeurs. Malgré les opportunistes et les renégats de toutes couleurs, le P. C. A. reste inébranlablement dans la voie du léninisme.

C'est en s'inspirant de son exemple bolchévik que le P.C.F. s'engage à poursuivre énergiquement sa bolchévisation. C'est en combattant aux côtés du P.C.A., sous la direction de l'Internationale Communiste, que le Parti Communiste français, à la tête des masses prolétariennes, entreprend des batailles décisives pour la victoire des Soviets en France.

Vive le Parti Communiste d'Allemagne, guide du prolétariat allemand !

Vive l'Internationale Communiste, état-major de la révolution prolétarienne !

Vivent l'Allemagne et la France Soviétique ! Vive la révolution mondiale !

Salut aux constructeurs du socialisme

La Conférence Nationale du Parti Communiste français envoie son salut fraternel et l'expression de sa solidarité combative aux glorieux constructeurs du socialisme, au Parti bolchevik, à son Comité Central Léniniste, à son chef Staline.

Alors que le monde capitaliste est ébranlé par les débuts d'une crise formidable qui met fin à la stabilisation pourrie du capitalisme, rapproche l'imminence de la guerre impérialiste et ouvre l'ère des grandes luttes révolutionnaires du prolétariat, l'Union Soviétique avance à pas de géant dans la voie du socialisme.

Les succès du plan quinquennal

Les réserves contenues dans les masses travailleuses et l'enthousiasme avec lequel elles poursuivent l'application du plan quinquennal permettent de voir sa réalisation effectuée dans l'espace de quatre années. Les succès recueillis pendant les 18 premiers mois du plan ont consacré la faillite honteuse des opportunistes de droite et la victoire de la ligne léniniste du Parti bolchévik.

Le magnifique essor de l'industrie lourde qui se traduit par de nouvelles usines métallurgiques, d'où sortent des milliers de tracteurs, des machines agricoles, des locomotives, des métiers à tisser ; par les grandes usines de produits chimiques pour l'agriculture ; par les immenses stations électriques qui produisent l'énergie nécessaire au développement industriel du pays, prouve la justesse de la ligne léniniste du Parti. Ce n'est que par une politique de rapide développement de l'industrie lourde que l'on pouvait concevoir l'industrialisation socialiste de l'U.R.S.S. La théorie contraire des droitiers était une théorie du moindre effort, sans issue et sans perspective révolutionnaires.

C'est la réalisation de cette partie du programme bolchévik qui permet maintenant l'essor impétueux de la collectivisation agraire. Grâce à la ligne léniniste du Parti, les économies collectives et les économies soviétiques — tant décriées par les opportunistes — prennent la place prépondérante dans la production agricole. La participation des larges masses paysannes pauvres et moyennes à la collectivisation de la campagne, le fait que l'industrie est de plus en plus en mesure d'alimenter les économies collectives en tracteurs, en machines agricoles, en engrais chimiques, permet au pouvoir soviétique de passer de la politique de limitation des tendances exploitrices des koulaks à leur liquidation en tant que classe. L'immense courant qui entraîne la masse des paysans pauvres et moyens vers les économies collectives, c'est-à-dire vers le prolétariat et son Parti, est une des plus grandes victoires du léninisme. C'est pourquoi on peut déjà être assuré que dans un très prochain avenir le secteur socialiste jouera à la campagne, comme à la ville, le rôle essentiel dans la production et dans la vie de l'Union Soviétique.

Les attaques des impérialistes et des social-fascistes

C'est au moment où la construction du socialisme en U.R. S.S. avance à un rythme sans précédent que les impérialistes et leurs valets social-fascistes entreprennent une vaste offensive de calomnies, de provocations et d'agression contre la patrie du prolétariat mondial. L'impérialisme français et son parti social-fasciste sont à la tête de cette croisade anti-soviétique. Prenant prétexte de la disparition d'un général garde blanc, ils profèrent les menaces les plus sanguinaires contre l'U.R.S.S., dont le premier acte est la rupture des relations diplomatiques. Aux côtés du Pape et des évêques, les social-fascistes prennent la défense de la religion, opium du peuple. Ils sont les défenseurs les plus acharnés des koulaks, c'est-à-dire du régime capitaliste contre la société socialiste.

Craignant la nouvelle crise mondiale, voulant entraver l'Union Soviétique dans sa marche au socialisme, les impérialistes activent la préparation militaire et morale de la guerre contre l'U.R.S.S. Le front anti-soviétique va maintenant de la Pologne de Pilsudski et des généraux assassins chinois jusqu'aux Etats-Unis, en passant par l'Allemagne d'Hermann Muller d'une part, et des social-démocrates de « gauche » (y compris les renégats opportunistes et trotskistes) jusqu'aux fascistes les plus sanglants d'autre part.

Plus que jamais la tâche des communistes est la lutte la plus active contre la guerre impérialiste et pour la défense de l'U.R.S.S.

Mobilisation des masses autour de l'U. R. S. S.

Le Parti Communiste français, à travers les luttes récentes, marque des pas importants dans la voie de la bolchevisation. La Conférence engage tout le Parti à continuer sa bolchevisation en luttant avec la plus grande énergie contre toutes les déviations de la ligne leniniste, contre les renégats qui trahissent la classe ouvrière, contre le social-fascisme soutien du régime d'exploitation.

Malgré la répression fasciste du gouvernement, favorisée par le Parti Socialiste et les syndicats jaunes, la Conférence appelle tout le Parti à travailler sans défaillance à la mobilisation des masses autour de l'Union Soviétique et à la préparation de la grève politique de masse pour le 1ᵉʳ Mai, sur les mots d'ordre de la défense de l'U.R.S.S., contre la dictature fasciste, pour la dictature du prolétariat.

TABLE DES MATIÈRES

www.ingramcontent.com/pod-product-compliance
Lightning Source LLC
LaVergne TN
LVHW011351170726
843501LV00006B/1769